ISBN: 9798420767238

Von ramdan ben omar

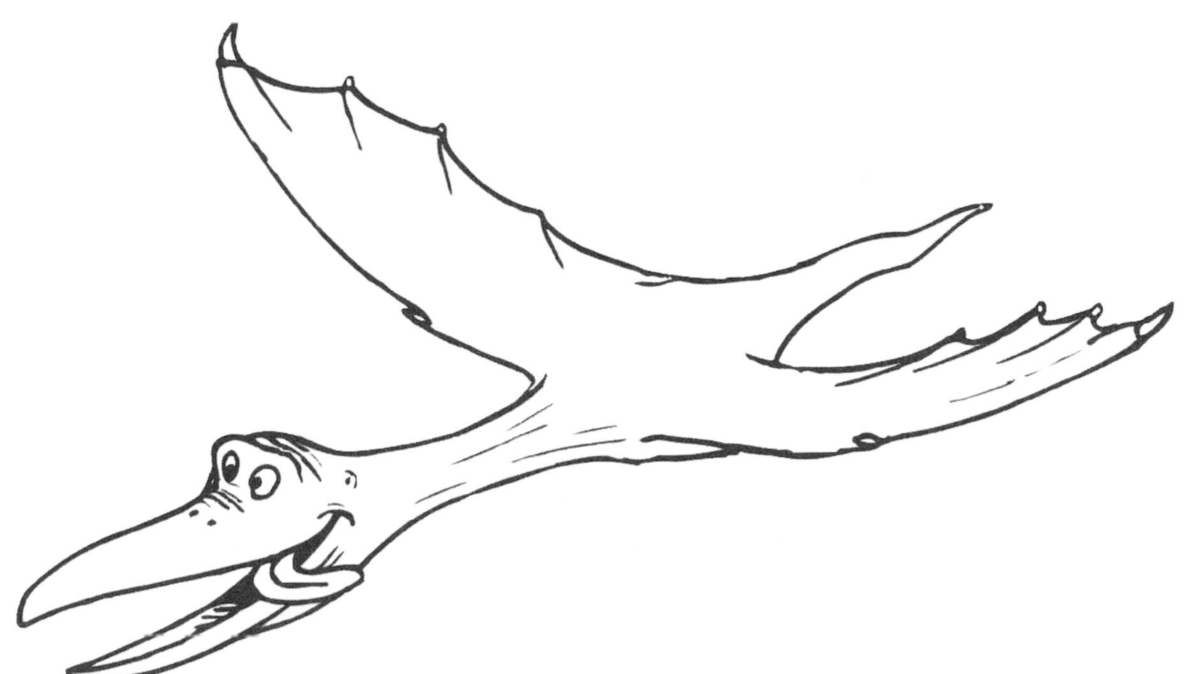

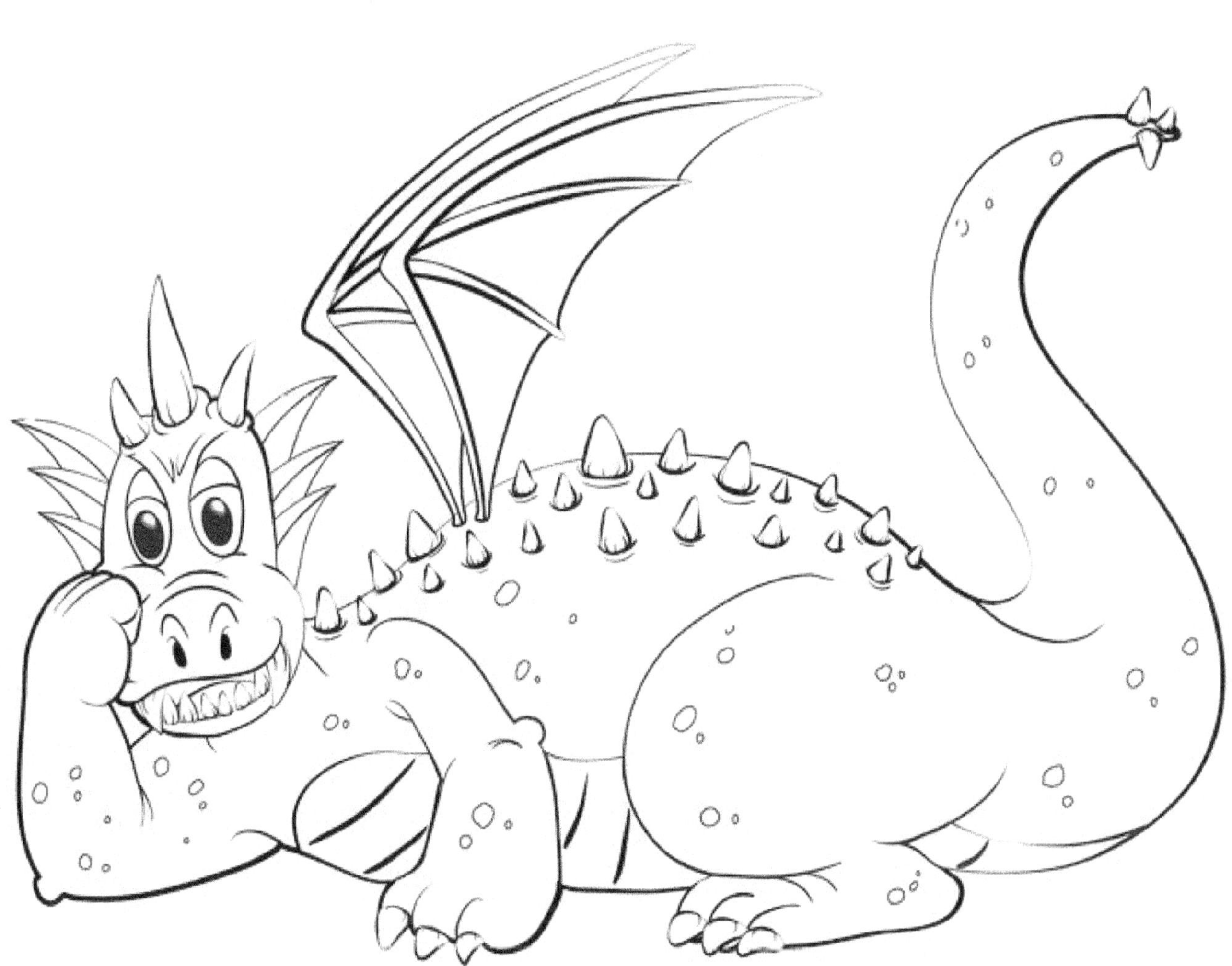

I LOVE YOU

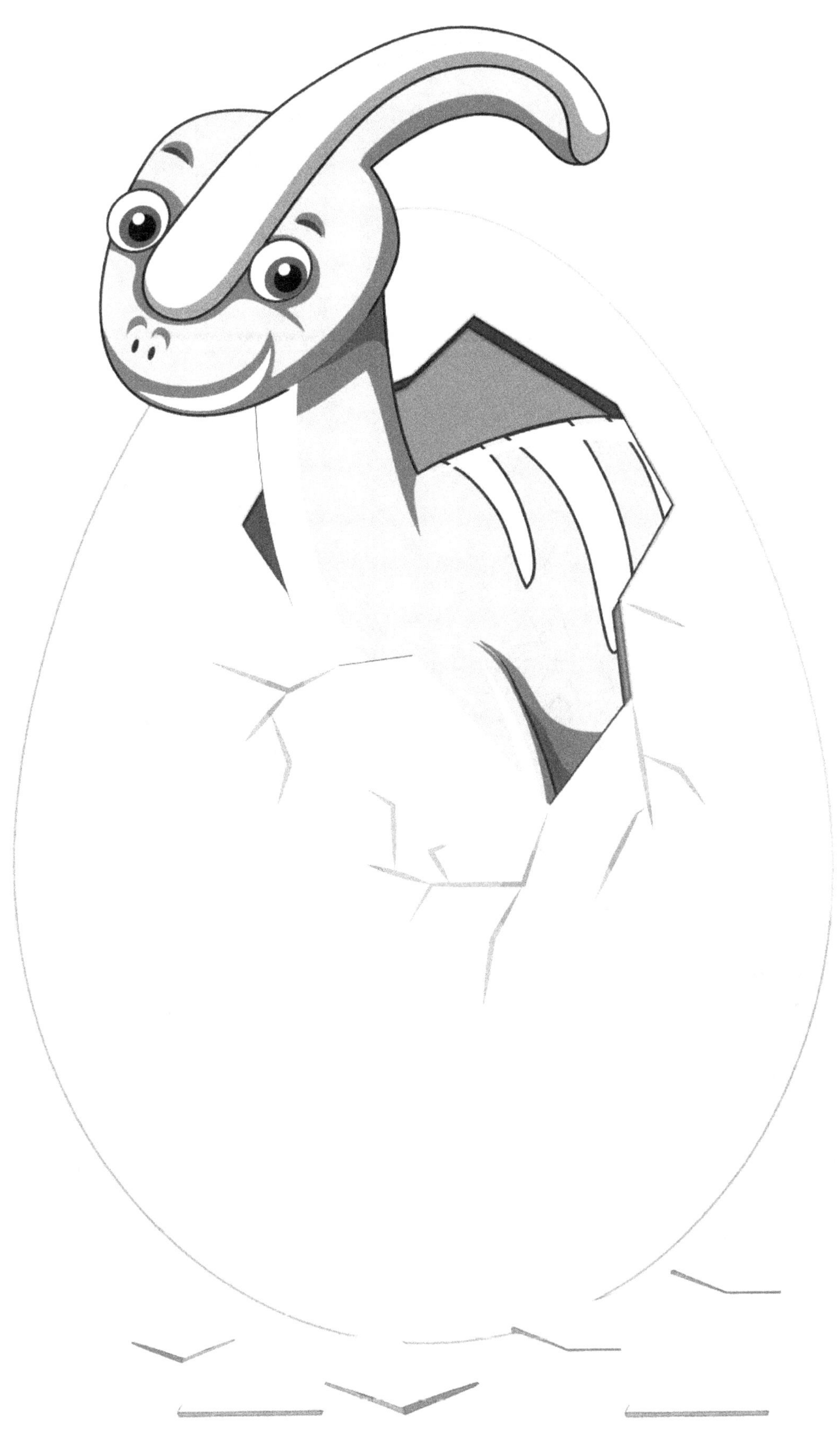

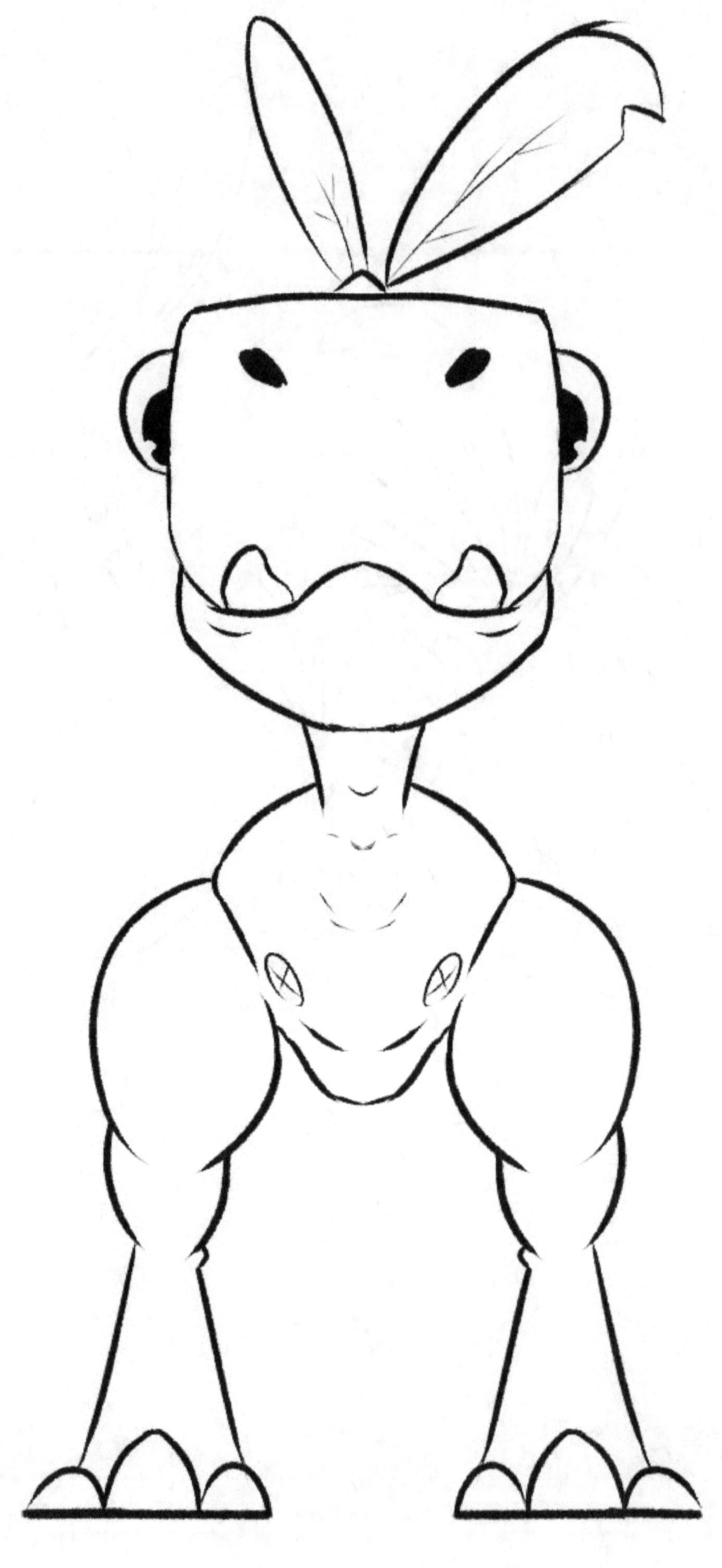

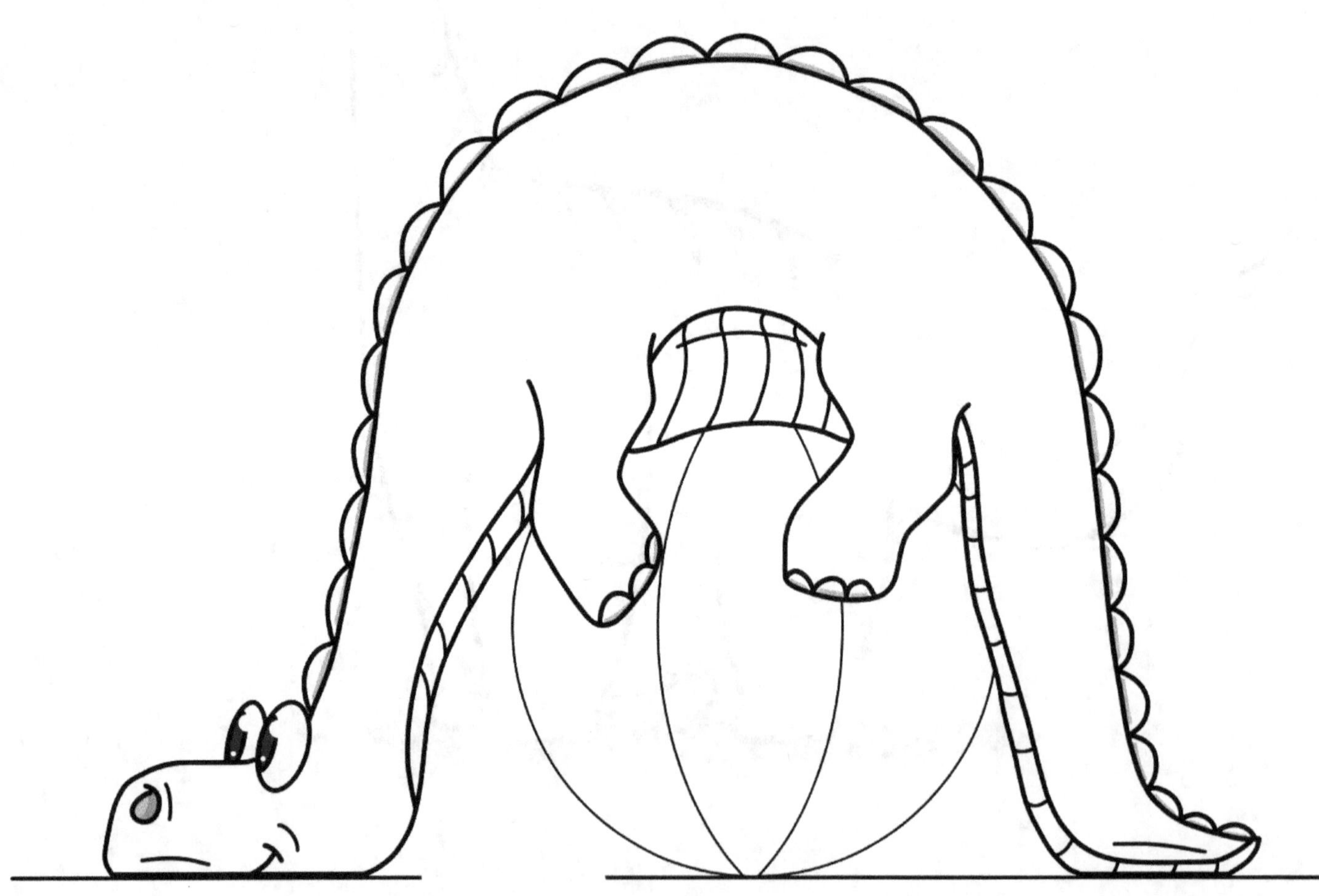